Heiko Böttcher

Angst - ein Kurzvortrag

GRIN Verlag

Bibliografische Information der Deutschen Nationalbibliothek:

Die Deutsche Bibliothek verzeichnet diese Publikation in der Deutschen National-
bibliografie; detaillierte bibliografische Daten sind im Internet über http://dnb.d-
nb.de/ abrufbar.

Impressum:

Copyright © 2002 GRIN Verlag GmbH
Druck und Bindung: Books on Demand GmbH, Norderstedt Germany
ISBN: 978-3-638-92990-5

Dieses Buch bei GRIN:

http://www.grin.com/de/e-book/45427/angst-ein-kurzvortrag

GRIN - Your knowledge has value

Der GRIN Verlag publiziert seit 1998 wissenschaftliche Arbeiten von Studenten, Hochschullehrern und anderen Akademikern als eBook und gedrucktes Buch. Die Verlagswebsite www.grin.com ist die ideale Plattform zur Veröffentlichung von Hausarbeiten, Abschlussarbeiten, wissenschaftlichen Aufsätzen, Dissertationen und Fachbüchern.

Besuchen Sie uns im Internet:

http://www.grin.com/

http://www.facebook.com/grincom

http://www.twitter.com/grin_com

Schriftliche Ausarbeitung des Vortrages
zur Einführung in den Phänomenbereich:

Angst

Heiko Böttcher

Universität Potsdam

Humanwissenschaftliche Fakultät

Institut für Psychologie

Seminar: Angsttheorien

0. Einleitung

Die vorliegende Ausarbeitung stellt den Versuch dar, den Phänomenbereich der Angst zu umreißen.

Nach der Festlegung der wichtigsten mit ihm verbundenen Begrifflichkeiten, erfolgt eine grobe Einordnung des Angstgeschehens in den Evolutionsprozess, mit einer nachfolgenden Zusammenfassung seiner biologischen und neuronalen Grundlagen. Bevor einige ausgewählte Angsttheorien kurz beleuchtet werden, wird noch die Messbarkeit der Angst thematisiert.

Obwohl bis heute für die Angst keine rundum befriedigende Theorie existiert, wird sie aufgrund ihres Machtpotentials recht ungeniert für die verschiedensten Zwecke bedient, wobei oft unwissend in Kauf genommen wird, dass die kurzfristigen Erfolge nicht im Verhältnis zu den unkontrollierbaren Langzeitfolgen stehen.

Die Angst verhält sich ähnlich einem scharfgemachten Wachhund, der eine gewisse Zeit beeindruckende Dienste leistet und am Ende die eigenen Kinder beißt.

1. Begriffsklärung

In der Umgangssprache und in der Kunst lassen sich sämtliche mit dem Begriff der Angst verbundenen Assoziationen in diesem einen, oder synonym gebrauchten Wörtern verdichten, so dass seine kommunikative Verwendung dort relativ unmissverständlich möglich ist.

Alle vorwissenschaftlichen Versuche, Angst zu definieren, lassen sich in drei Gruppen kategorisieren, die eines gemeinsam haben, nämlich, dass sie den Zustand der Angst nicht definieren:

1. Angstauslöser wie zum Beispiel: „ Angst bekommt man vor…"
2. Angstauswirkungen wie zum Beispiel „ Wenn man Angst hat, bekommt man…"
3. Vergleiche mit anderen Zuständen, die wiederum nur vergleichend beschrieben werden können, wie zum Beispiel: „ Angst ist das Gegenteil von …"

Selbst die Bitte um Präzisierung bringt den Fragenden der Lösung nicht näher.

Hugo von Hoffmannsthal ließ 1902 seinen Lord Chandos in einem Brief an den britischen Empiriker Francis Bacon dieses Dilemma mit den Worten beschreiben: „… Es zerfiel mir alles in Teile, die Teile wieder in Teile, und nichts mehr ließ sich mit einem Begriff umspannen. Die einzelnen Worte schwammen um mich, sie gerannen zu Augen, die mich anstarren und in die ich wieder hineinstarren muß…" (H. v. Hoffmannsthal. S.463).

Diese Schwierigkeiten erwachsen aus den untauglichen Versuchen vermittels der Sprache etwas Immaterielles begrifflich festzuhalten, was man aber dem Wortsinn nach nicht festhalten oder begreifen kann.

Um sich dem Phänomenbereich der Angst aber wissenschaftlich anzunähern, hypostasiert die Psychologie zweckmäßigerweise Konstrukte, die jedoch niemals dem Anspruch auf Vollständigkeit genügen können, so dass zu jeder theoretischen Betrachtung eine passende operationale Definition der Angst geschaffen werden muss.

Obwohl diese nichts anderes als Krücken darstellen, kann man sich mit ihnen einigermaßen sicher in der wissenschaftlichen Landschaft bewegen, so lange man nur nicht von den vorher festgelegten Pfaden abkommt.

Selbst in den Naturwissenschaften bedient man sich solcher Hilfsmittel, wie sie zum Beispiel die imaginären Zahlen darstellen und man stellt mit der, mit gedanklicher Logik nicht nachzuvollziehenden Quadratwurzel aus minus eins, die solidesten Berechnungen an, die man in den Bau von Flugzeugen und babylonischen Türmen einfließen lässt.

„...In einer solchen Rechnung sind am Anfang ganz solide Zahlen, die Meter oder Gewichte oder irgendetwas anderes Greifbares darstellen können und wenigstens wirkliche Zahlen sind. Am Ende der Rechnung stehen ebensolche [...], wie bei einer Brücke von der nur Anfangs- und Endpfeiler vorhanden sind und die man dennoch so sicher überschreitet, als ob sie ganz dastünde..." (Musil. S. 74)

1. 1 Angst

Angst stellt einen „... eher diffusen emotionalen Zustand [..], der von erheblichen physiologischen Erscheinungen begleitet ist..."(Wendt. S. 80), dar, die „... ohne erkennbaren Grund bzw. infolge inadäquater Reize ausgelöst und empfunden wird..." (Pschyrembel. S. 77).

1. 2 Furcht

In Abgrenzung dazu soll Furcht als eine an sich sinnvolle Aktivierung des sympathischen Nervensystems im Angesicht einer realen Gefahr sein, die in das Bewusstsein dringt.

Nicht verschwiegen werden soll, dass einige Autoren, diese auf Sigmund Freud zurückgehende „... Unterscheidung wenig sinnvoll..." (Lexikon der Psychologie. Band 1. S. 103) finden.

1. 3 Ängstlichkeit

Ängstlichkeit soll im Folgenden als Persönlichkeitseigenschaft verstanden werden, die ein Individuum dahin tendieren lässt, eher als andere Angstsymptome zu zeigen.

1. 4 Stress

Ein aus der Physik entlehnter Begriff, der eine Größe bezeichnet, die bei Überschreitung eines Schwellenwertes ein System oder eine Struktur verändert.

In der Angstpsychologie bezeichnet Stress eine Situation, die Reize enthält, die geeignet sind Furcht oder Angst hervorzurufen.

Hierbei unterscheidet man zwischen lebenserhaltendem, episodischem Eu-Stress und chronischem und destruktivem Diss- Stress.

1. 5 Phobie

Eine Phobie ist eine chronische psychische Störung, bei "… der die Angst (ohne wirkliche Gefahr) vor bestimmten Objekten oder Situationen Leitsymptom ist…"
(Dorsch. S. 637).

Eine Phobie stellt somit eine gerichtete Angst dar, und da Angst konditionierbar ist, kann praktisch alles zum Objekt einer Phobie werden.

Das Klassifizierungssystem DSM- 4 erlaubt eine endlose Liste phobischer Störungen.

2. Einordnung der Angst in den Evolutionsprozess

Folgt man der Evolutionstheorie Darwinscher Prägung, so macht die Organisation von Nervenzellen zu angstermöglichenden Strukturen zwecks Erhöhung der biologischen Fitness von Individuen, durchaus Sinn.

Fitness bezeichnet hier die Anzahl fertiler Nachkommen.

„… Die Thatsache, daß die niedriger stehenden Tiere von denselben Gemütsbewegungen, wie wir selbst, erregt werden…" (Darwin. S. 88), ist heute längst nicht mehr so klar, wie seinerzeit für Darwin, aber auch wenn wir nicht wissen, ob die Angehörigen anderer Arten Angst als unangenehmen Zustand empfinden, so können wir doch davon ausgehen, dass sie nach der Vermeidung von Situationen streben, die mit Angstsymptomen einhergehen, was sich lebensverlängernd auswirkt.

Beim Menschen ist die höhere Quantität vor allem kortikaler Hirnteile in eine neue Qualität umgeschlagen, die es nach sich zieht, dass sich die Angst verselbstständigen und selbstzerstörerische Züge annehmen kann.

Aber auch ihm leistet sie in gewisser Weise nützliche Dienste, denn sie "... bezeichnet einen gewissen Zustand, wie Erwartung der Gefahr und Vorbereitung auf die selbe, mag sie auch eine Unbekannte sein..." (Freud. Elemente der Psychoanalyse. S. 188), die ihn veranlassen kann, die Gefahr zu meiden, zu bewältigen oder sie sich durch Nachdenken überhaupt erst zu gewärtigen.

Zugegebenermaßen etwas spekulativ, aber dennoch plausibel ist die Annahme, dass die bei allen Kulturen historisch vorkommende Angst vor saurierähnlichen Drachenwesen einen evolutionsbiologischen Hintergrund habe, da auch in unseren Hirnen Bauplanteile Verwendung finden, die älter sind als der aufrechte Gang (vergleiche hierzu: D. Wendt. S. 81.).

In Experimenten wurde nachgewiesen, dass sich Angst vor Spinnen leichter konditionieren lässt, als Angst vor Autos, obwohl die Gefahr durch eine Spinne zu Tode zu kommen, überall auf der Welt und erst recht in unseren Breiten sehr viel geringer einzuschätzen ist.

Wenn man davon ausgeht, dass der Zeitraum, in dem es vorteilhaft war Spinnentiere zu meiden, groß genug war, um diese Verhaltensprädisposition Eingang in das Erbgut finden zu lassen, seit der Entwicklung des Automobiles aber erst gut 100 Jahre vergangen sind, bestätigt das diese Hypothese, zur Freude der Industrie und zum Nachteil der Spinnen.

Bestimmte durch Angst ausgelöste Verhaltensweisen, scheinen sie jedoch auf den ersten Blick in Frage zu stellen, denn Schreien, Zittern, Körperstarre, angsterfüllte Mimik und Gestik erhöhen sicher nicht die Chancen desjenigen, der es an den Tag legt.

Wenn aber Angst für ein Einzelindividuum einen Selektionsvorteil darzustellen vermag, so macht Angstübertragung durch „... motorische Programme zur Produktion eines bestimmten emotionalen Gesichtsausdruckes...", die „...teilweise bereits genetisch angelegt..." (Schandry. S. 504) sind, durchaus einen evolutionsbiologischen Sinn, für in Gruppen lebende Populationen.

Wenn man außerdem postuliert, dass derjenige, der der Gefahr als erster ansichtig wird, ihr auch am nächsten ist, also ohnehin die geringsten Chancen hat, davonzukommen, so erhöht sich dennoch indirekt seine Fitness, wenn durch sein vorsprachliches, instinktives Verhalten statt seiner zum Beispiel eine Tante und ein Onkel überleben, die mit ihm zusammengerechnet 50 % seiner Gene gemeinsam haben.

Die weit verbreitete Agoraphobie lässt sich stammesgeschichtlich ableiten, denn ganz sicher stellte es in grauer Vorzeit einmal einen Selektionsvorteil dar, freie von Fressfeinden gut einsehbare Plätze zu meiden.

Die in der Natur vorkommenden Formen der Schrecktracht oder des Mimikry bedienen auch nur die Angst der anderen, um der eigenen Spezies ein Vorteil zu verschaffen.

3. Biologische Grundlagen der Angst

3.1 Die Biopsychologie der Angstemotion

Es gibt drei historische Ansätze zur physiologischen Erklärung der Angst, die zu Gunsten eines vierten mittlerweile teilweise aufgegeben wurden (Vgl. Pinel. S. 492 ff.).

3.1.1 Die James-Lange-Theorie

Die althergebrachte Vorstellung, dass die Wahrnehmung der Gefahr zu einem Angstgefühl führt, dass sich anschließend in körperlichen Reaktionen äußert, wurde von den Biologen James und Lange 1884 unabhängig voneinander durch einen neuen Ansatz in Frage gestellt, der davon ausgeht, dass gefahrverheißende Reize von der Großhirnrinde umgewandelt und von dort zu den für somatische und vegetative Reaktionen verantwortlichen Teile des Nervensystems gesendet werden, wo sie Effekte hervorrufen, die ihrerseits wieder vom Kortex empfangen werden und dort das Angsterlebnis induzieren.

Nach dieser Vorstellung zittert man nicht, weil man Angst hat, sondern man hat Angst weil man zittert.

Dieser Ansatz ist, wie der noch vorzustellende grundsätzlich richtig und nur in seinem Anspruch auf Ausschließlichkeit als falsch einzustufen.

Eine Stützung erfuhr diese Theorie durch mehrere Untersuchungen, die belegten, dass "...Rückmeldesignale aus der Peripherie, hier der Gesichtsmuskulatur zum Gehirn einen mittelbaren Einfluss auf das emotionale Erleben..." (Schandry. S. 504) haben.

3.1.2 Die Cannon-Bard-Theorie

Nach dieser, auf Walter Cannon zurückgehenden, Theorie schlug Phillip Bard vor, die exitatorische Reaktion und das Angsterleben als parallele Prozesse zu begreifen, die nicht kausal aufeinander zurückzuführen und somit unabhängig voneinander sind.

Das würde im Gegensatz zu der vorangegangenen Theorie erklären, warum im Halsbereich Querschnittsgelähmte und Locked-In-Patienten mitnichten frei von Angst sind.

Neuere Untersuchungen stützen diese, in den 1920iger Jahren begründete Theorie, denn „...lokale Hirnstimulation [...] in limbschen und einigen kortikalen Arealen (führt) unmittelbar zu spezifischen, intensiven Gefühlen, auch ohne Gegenwart eines entsprechenden Reizes..." (Birbaumer/ Schmidt. S. 654).

3.2 Neuronale Steuerung von Angstverhalten

Angst spielt sich auf einer „...subjektiven, physiologischen und einer motorisch-behavioralen Reaktionsebene..." (Schmidt/ Schäuble. S. 470) ab.

Auf der physiologischen Ebene würde die von der Hypophyse veranlasste Ausschüttung von Adrenalin aus dem Nebennierenmark ablaufen.

Dabei muss berücksichtigt werden, dass die Angst in einer klassischen und in einer operanten Konditionierungsphase entsteht.

In der ersten Phase entsteht eine konditionierte Furchtreaktion auf einen ursprünglich neutralen Reiz, der mit einem Angstauslöser gekoppelt ist, während in der zweiten Phase gelernt wird, unter Berücksichtigung des konditionierten Reizes allein auf diskriminierende Reize hin ein gewisses Vermeidungsverhalten anzustreben.

Danach kann man davon ausgehen, dass abergläubische Ängste durch klassische Fehlkonditionierungen, zum Beispiel bei einem Unglück nach dem Sehen einer schwarzen Katze, gelernt und anschließend kulturell verbreitet wurden. Da das Umkehren stets das Ausbleiben einer bösen Überraschung hinter der Stelle an der die Katze getroffen wird, nach sich zieht, führt Phase 2 zur Verfestigung des Aberglaubens.

Eine zentrale Bedeutung bei der Angstkonditionierung kommt dem lateralen Kern der Amygdala, „... der entscheidenden Struktur für die Vermittlung von Angst und der zugeordneten Furchtreaktion..." (Schneider/ Schmalt. S. 213) zu, der Informationen aus dem Thalamus und dem cerebralen Kortex erhält und parallel verarbeitet.

In Tierversuchen konnte durch Zerstörung von Bahnen nachgewiesen werden, dass Angstkonditionierung auch nur über thalamische Strukturen bei einfachen Reizen möglich, die Extinktion in dem Fall aber unmöglich ist. Mit anderen Worten die Amygdala ist absolut nachtragend.

Der Informationsfluss innerhalb der Amygdala geht vom lateralen über den basolateralen und basomedialen zum zentralen Kern, der dann die Angstreaktion auf den oben genannten Wegen veranlasst.

4. Die Messbarkeit der Angst

Man kann die mit der Angst in Verbindung stehenden Veränderungen physiologisch, mittels projektiver Techniken oder per Fragebogen abnehmen, die im folgenden kurz vorgestellt werden sollen.

Beachtung finden sollte dabei jedoch immer, dass es sich hier um Tests handelt und Testangst auch bei Tests zur Angstmessung nicht auszuschließen ist, da die Motivation sich ja aus „... Erfolgsstreben und der Angst vor Misserfolg..." (Hofstätter. S. 146) zusammensetzt.

Auch die Ängstlichkeit der Probanden wirkt sich auf das Untersuchungsergebnis aus, da sie das Erregungsniveau und somit zum Beispiel die Vigilanz mitbestimmt.

4.1 Die physiologische Messung

Wie bereits erwähnt, spielt sich die Angst auch auf einer physiologischen Reaktionsebene ab.

Veränderungen ergeben sich im Widerstand und im Potential der Haut, in der Herz-
frequenz, im Blutdruck, im Blutvolumen, in der Atemfrequenz, in Mundtrockenhe t,
den Darmbewegungen, im Pupillendurchmesser, in der Muskelspannung, in den
Hirnströmen und im Nebennierenhormonausstoß.

Obwohl es sich hier um durchaus zu erfassende physikalische Größen handelt,
werden sie bei nur cirka „ ...7 % der experimentellen Untersuchungen des
Angstzustandes verwendet..." (Levitt. S. 66).

Die Ursache dafür liegt zum einen in ökonomischen Gründen, denn die zu
verwendenden Apparaturen und Verfahren haben ihren Preis und benötigen gut
ausgebildetes Bedienungspersonal.

Zum anderen sind die Verfahren längst nicht so zuverlässig, wie im Allgemeinen
angenommen.

Selbst die hohe Zuverlässigkeit suggerierenden Verfahren zur Untersuchung der
Hirnaktivität, wie die Positronen Emmissionstomographie und die neuere nicht
invasive funktionelle Magnetresonanztomogaphie sind ins Gerede gekommen, da die
messbaren geringen Veränderungen sich aufgrund ständiger Stoffwechselvorgänge
im gesamten Hirn so hart an der Grenze des Zufälligen bewegen, dass die Bilder
vieler Probanden durch statistische Verfahren gemittelt und dann auf ein fiktives
Einheitshirn übertragen werden, um im Anschluss von einem Rechner zu den
bekannten, nun farbigen Bildern aufbereitet werden.

So wurde in der jüngsten Ausgabe von „Gehirn und Geist" von Alexander Grau
resumiert: Diese Bilder haben „...mit einem Gemälde mehr zu tun als mit einer
Fotografie..." (Gehirn und Geist. 4/ 2003. S. 80).

Das Hauptproblem liegt bei der physikalischen oder chemischen Angstmessung aber
darin, dass die Angst keineswegs der einzige, diese Größen beeinflussende Faktor
ist, und so erscheint es „... allerdings wenig Erfolg versprechend, eine eindeutige
Zuordnung der gesamten physiologischen und biochemischen Prozesse zur
Angstemotion zu versuchen..." (P. Becker. S. 22).

4.2 Projektive Tests

Projektive Techniken wie der „Kleckstest" von Rohrschach erfreuen in der klinischen Psychologie einer ungebrochenen Beliebtheit.

Es gilt bei diesen Tests, eine für den zu Testenden eher diffuse Reizkonfiguration zu interpretieren, wobei sich Persönlichkeitszüge von ihm offenbaren sollen.

Da der Proband im hoffentlichen Gegensatz zum Testenden nicht antizipieren kann, wie seine Antworten gedeutet werden, soll er seine Angst nicht verbergen können.

Das Hauptproblem liegt hier in einer objektiven Quantifizierung der Antworten, da sie immer nur im Kontext der ganzen Person und ihres Umfeldes zu betrachten sind, so dass diese Techniken experimentell kaum Verwendung finden.

4.3 Fragebogentechniken

Die wohl nicht zuletzt aus Gründen der Forschungsökonomie beliebteste Methode der Experimentalpsychologie zur Messung der Angst ist der Fragebogen oder das Inventar, da die Ergebnisse leicht zu quantifizieren und von jedem nachzuvollziehen sind, da sich der Grad der Angst oder die Angstneigung sich summarisch aus seiner Zustimmung zu „... Aussagen über Körperempfindungen, Emotionen und Verhaltensweisen in bestimmten Situationen..." (Kerres. S. 21) auf einer beispielsweise fünfstufigen Skala errechnet.

Positiv zu bewerten ist, dass die Beantwortung kaum von momentanen Störeinflüssen beeinträchtigt wird.

Probleme gibt es bei dieser Form der Messung allerdings auch, wie zum Beispiel mit der Tendenz mancher Vpn. eher zuzustimmen, im Gegensatz „...zu gut ausgewiesenen Gelehrten [...] bei denen man- mit wenig Ironie- vielleicht sogar von einer habituellen Nein- Sage- Tendenz sprechen könnte..." (Hofstätter. S. 383), was man dadurch zu begrenzen sucht, dass sich die Gesamtpunktzahl bei Ja- und Nein-Antwortmöglichkeiten je zur Hälfte aus Zustimmung und Ablehnung zusammensetzt.

Hinzu kommt bei Fragebögen der Faktor der sozialen Erwünschtheit, auch durch Anonymisierung der Daten nur begrenzt ausgeschlossen werden kann, da Menschen nur bedingt zwischen Selbst- und Wunschbild differenzieren können. (Vgl. Hofstätter. S. 109- 116).

5. Ausgewählte Angsttheorien

5.1 Die Freudsche Gefahrsignaltheorie

Die wohl bekannteste und umstrittenste psychoanalytische Theorie ist die von Freud. Für ihn stellte die Angst ursprünglich ein biochemisches und biophysikalisches Problem durch das Ausbleiben sexueller Befriedigung dar, das mit der Erreichung derselben verschwinden würde.

Erst in den 1920iger Jahren widerrief er die Ablehnung des Gedankens, „... daß die Angst eine traumatische Neurose erzwingen kann..." (Freud. Elemente der Psychoanalyse. S. 188), um sie zum Dreh und Angelpunkt seiner Neurosenlehre zu machen.

Er unterschied einerseits zwischen der Realangst, die in etwa unserer gebrauchten Definition der Furcht entspricht und die er für nützlich hält, da sie in ihrer Höhe der Gefährlichkeit des sie induzierenden Objektes beziehungsweise der Situation folgt und das Individuum zur angemessenen Vorsicht mahnt.

Für bedenklich hält er die moralische und die neurotische Angst, die dem immerwährenden Konflikt zwischen dem vermittelnden, der Wirklichkeit angepassten Ich ständige und unwillkürliche Beschränkungen auferlegendem Überich und dem instinktgetriebenen, animalischen Es entspringt und es unbewusst an die Primärangst der ersten Lebensmonate erinnert.

Die Primärangst wiederum entstehe, wenn das Kind die automatische, paradiesische Bedürfnisbefriedigung nach dem Verlassen des Geburtskanales gefährdet sehe.

Als Beweis dafür führt er das klägliche Schreien des Säuglings an, was aber angesichts der Tatsache, dass Schreien ja das gesamte Ausdrucksspektrum des Säuglings ausmacht etwas dahergeholt erscheint.

Diese Primärangst, die als lebensbedrohlich wahrgenommen wird, bildet das Modell für alle späteren Angstreaktionen.

Irgendwann entspringt der Nahrungsdeprivation zwischen den Mahlzeiten eine „... vom Es eingeflösste Gier...[...] nach Leckereien..." (Levitt. S.33), die von elterlichen

Sanktionen wie Liebesentzug bedroht wird und denen das noch unterentwickelte Ich noch nicht gewachsen ist.

Auch das Ich ist gerade erst stark genug entwickelt um die Bedrohung der Überwältigung durch das Es wahrzunehmen. Das Kind fühlt sich unbewusst in jene Zeit zurückversetzt, als es von der Primärangst dominiert wurde.

Im Laufe des Lebens lernt das Kind das Es durch das Ich und das Überich im weitesten Sinne im Zaum zu halten. Im weitesten Sinne nur deshalb, weil es immer noch mächtige, die seelische Homöostase erschütternde Impulse des Es geben kann, wie zum Beispiel in Anbetracht sexueller Verlockungen oder bei Provokationen.

Genauso kann es aber auch Probleme geben, wenn das Überich zu mächtig wird und es zum Beispiel bereits bei dem Anflug eines schmutzigen Gedankens heftig moralisiert und drakonische Strafen androht.

Diese Konflikte schüren im Individuum die moralische Angst und es ist die Aufgabe des Ich, so zwischen Es und Überich zu vermitteln, dass diese wieder verlischt.

5.2 Die Angsttheorie der Neo-Freudianer

Die Geschichte dieser Theorie begann in den 1930iger Jahren und ging mit einer Bedeutungsverschiebung von der biologischen Triebsteuerung in Richtung Umwelt und Kultur einher.

Einer der frühesten und populärsten Vertreter dieser Strömung war Erich Fromm, aber den größten Auftrieb gewann diese Strömung durch die Arbeit Abraham Kadiners, der Freuds Theorie durch Untersuchungen an „wilden" Kulturen verifizieren wollte. Überraschenderweise kam er jedoch zu dem Ergebnis, dass die Persönlichkeitsunterschiede von verschiedenen Kulturen in dem Maße schwankten, wie es kulturelle und soziale Unterschiede in den Strukturen und Gebräuchen gab.

Für die Neo- Freudianer verkommt das Es nahezu zur Bedeutungslosigkeit.

Die von Freud postulierte Primärangst halten sie im Säuglingsalter für unmöglich, da Angst ihrer Meinung nach erst mit der bewussten Wahrnehmung der Umwelt entstehen könne. Sie entstünde vielmehr erst mit der Erkenntnis der eigenen Hilflosigkeit und dem daraus erwachsenen Bedürfnis nach der schützenden Hand erwachsener Personen, wenn Schutz und Sicherheit gefährdet scheinen oder Abhängigkeitsbedürfnisse nicht gestillt werden.

Für die Neo-Freudianer beginnt die Sozialisierung erst dann, wenn das Kind mit seinen Erzeugern die bewusste Kommunikation aufnimmt und die Eltern nun versuchen ihm ihren Willen aufzuzwingen. Im Weigerungsfall, wenn es seine fundamentalen Impulse weiterhin sozial ungehemmt auslebt, bedrohen sie es mit Liebesentzug.

Im späteren Leben kontrollieren andere Instanzen die Ausübung zielgerichteter Endhandlungen und lösen bei Vereitelung Frustrationen aus, die sozial unverträgliche Aggressionen erzeugen, die wiederum mit Sanktionen bedroht sind. Diese Strafmaßnahmen erzeugen, wenn sie von den Eltern ausgeführt werden Primärangst. Im späteren Leben erinnern sie sich unbewusst an diese, wodurch unter dem Einfluss von Abwehrmechanismen wie Verdrängung Sekundärangst entsteht.

Der Mensch hat in früheren Jahren Abwehrmechanismen gegen die Primärangst entwickelt, die relativ fest in das Persönlichkeitsrepertoire aufgenommen worden sind und deren Nichtanwendbarkeit bei Bedrohungen Sekundärangst hervorruft.

Normalerweise sind diese Abwehrmechanismen bei gesunden Menschen jedoch stabil genug, um den meisten gefährlichen Situationen zu trotzen. Sind sie es nicht oder werden sie durch zu lange andauernden Druck zerstört, so zieht sich ein Teufelskreis, denn die Angst wird nun durch einen neuen Abwehrmechanismus bekämpft, der neue Angst erzeugt, die nun ihrerseits wieder mit noch anderen Abwehrmechanismen bekämpft werden muss und so fort. Als Konsequenz entstehen möglicherweise psychische Erkrankungen.

5.3 Die Theorie des R. S. Lazarus

Lazarus stellte in den 1960iger Jahren ein Modell vor, das stark an einen technischen Blockschaltplan erinnert. Ursprünglich hatte er es zur Erklärung der Stresserzeugung entwickelt, es später aber zur Analyse von Angstphänomenen übertragen.

Es stellt einen mehrphasigen Prozess dar, bei dem eine Abgleichung innerer Einschätzungen mit den entsprechenden Umweltsituationen stattfindet, der von Angst und Furchtzuständen begleitet wird, oder dem solche folgen.

Angst stellt in diesem Modell ein Reaktionssyndrom dar, welches durch die Interaktion von Persönlichkeitseigenschaften und Situation entsteht.

Wobei natürlich auch hier „… die innerpsychischen Prozesse nicht unmittelbar beobachtet und überprüft werden können…" (Becker. S. 40).

Auf das Modell wirken bestimmte situative Ursachen, wie Furchtreize, ein. In einem zweistufigen Meditationsvorgang wird erst geprüft, ob die Situation gefährliche Relevanz besitzt. Kann dies verneint werden, wird nicht weitergeprüft und die Sache kann als erledigt betrachtet werden.

Wenn doch, wird in Stufe Zwei geprüft, ob geeignete Maßnahmen zur Gefahrenabwehr getroffen werden können. Ist das nicht der Fall finden intrapsychische Prozesse statt, die mit einer Aufmerksamkeitsveränderung einhergehen, wobei Angst als Begleitemotion auftreten kann.

Anschließend findet eine spezielle Neubewertung der Situation statt, deren Ergebnis wiederum Stufe Eins des Meditationsvorganges zugeführt wird.

Sind geeignete Maßnahmen zur Gefahrenabwehr verfügbar, wird in einer weiteren Prozesstufe geprüft, ob die eigenen Kräfte der Situation gewachsen sind. Wenn nicht sucht das Individuum sein Heil in der Flucht, mit der Furcht als Begleiter.

Wenn ja, geht es verärgert in die Offensive.

Im Anschluss erfolgt wieder die oben erwähnte Neubewertung und so weiter und so fort.

Der elementare Nachteil dieses Modells besteht darin, dass „… Verhaltensvoraussagen Schwierigkeiten…" bereiten (Becker. S. 40).

6. Zusammenfassung

Bevor man sich mit wissenschaftlichen Arbeiten zum Angstphänomen beschäftigt, ist abzuklären, welchen Definitionen zur Angst der Autor folgt beziehungsweise welche man für sich in Anspruch nehmen möchte, da diesbezüglich noch kein allgemeiner Konsens erreicht werden konnte.

Die Angst hat einen evolutionsbiologischen Hintergrund und gehorcht einer neuronalen Steuerung, die sie in bestimmten Situationen auslöst. Eine zentrale Bedeutung kommt dabei der Amygdala zu.

Die durch Angst im weitesten Sinne hervorgerufenen Veränderungen, beziehungsweise die Ängstlichkeit lassen sich experimentell physiologisch, durch projektive Tests oder durch Fragebögen messen.

Es gibt eine Vielzahl von Theorien zum Ursprung der Angst.

Freud sah die Ursache der moralischen und der neurotischen Angst in der Auseinandersetzung zwischen Ich, Überich und Es, in Verbindung mit der unbewussten Erinnerung an die Primärangst der ersten Lebensmonate.

Realangst hielt er wie die Neo- Freudianer für nützlich und notwendig, für die Anpassung an die Wirklichkeit. Im Gegensatz zu ihm projizierten sie die Primärangst aber in einen späteren Lebensabschnitt, kurz vor das Ende des ersten Lebensjahres, da sie die Persönlichkeit als Produkt von Sozialisierungsimpulsen verstehen, zu deren Wahrnehmung es einer Mindestentwicklungsstufe des Ich bedarf.

Die dabei erworbenen oft untauglichen Abwehrmechanismen bereiten den Boden für die Sekundärangst, wobei das Es, im Gegensatz zu frustrationsbedingten Aggressionen, eine untergeordnete Rolle spielt.

Lazarus stellte die Angst in einem Schema als situations- und handlungsabhängige Begleit- oder Folgeerscheinung dar, die von intrapsychischen Prozessen induziert wird

7. Literaturverzeichnis

Arnold, Eysenck, Meili (1987). Lexikon der Psychologie, Band 1 2. Auflage. Freiburg im Breisgau: Verlag Herder.

Becker, P. (1980). Studien zur Psychologie der Angst. Weinheim: Belts Verlag.

Birbaumer, Schmidt (2003). Biologische Psychologie. 5. Auflage. Berlin: Springer- Verlag.

Darwin, Ch. (1898). Die Abstammung des Menschen und die geschlechtliche Zuchtwahl. Halle an der Saale: Verlag von Otto Hendel

Freud, S. (1978). Werksausgabe in zwei Bänden, Band 1, Elemente der Psychoanalyse. Frankfurt am Main: S. Fischer Verlag.

Grau, A. (04/ 2003). Gehirn und Geist. Heidelberg: Spektrum der Wissenschaften Verlagsgesellschaft mbH.

Häcker, H.; K. H. Stapf (1998). Dorsch Psychologisches Wörterbuch. Bern: Verlag Hans Huber.

Hildebrandt, H. (1998). Pschyrembel Klinisches Wörterbuch. Berlin: Verlag de Gruyter

Hoffmansthal, H. v. (1980). Gesammelte Werke in zehn Bänden, Band 7. Frankfurt am Main: Fischer Taschenbuchverlag.

Hofstätter, P. (1971). Differentielle Psychologie. Stuttgart: Alfred Kröner Verlag.

Kerres, A. (1993). Ängstlichkeit und Selbstkonzept. Frankfurt am Main: Verlag Peter Lang.

Levitt, E. (1987). Die Psychologie der Angst. 5. Auflage. Stuttgart: Verlag W. Kohlhammer.

Musil, R. (1997). Die Verwirrungen des Zöglings Törless. Hamburg: Rowohlt Taschenbuch Verlag GmbH.

Pinel, J. P. (2001). Biopsychologie. 2. Auflage. Heidelberg: Spektrum Akademischer Verlag GmbH.

Schandry, R. (2003). Biologische Psychologie. 1. Auflage. Weinheim: Beltz Verlag.

Schmidt, Schäuble (2001). Neuro- und Sinnesphysiologie. 4. Auflage. Berlin: Springer- Verlag.

Schneider K. / H.-D. Schmalt (2000). Motivation. 3. Auflage. Stuttgart: Verlag W. Kohlhammer.

Wendt, D. (1989). Allgemeine Psychologie. 3. Auflage. Stuttgart: Verlag W. Kohlhammer.